Anton und Zora

chubi

Dinoheft

Grafomotorisches Förderheft

Bernd Jockweg
Illustrationen: Anne Wöstheinrich

Hinweise für Eltern, Lehrerinnen und Lehrer

Zum Umgang mit dem Förderheft

Liebe Erwachsene!
Dieses Dinoheft soll Kindern einen ersten Zugang zum bewegungsrichtigen Schreiben bzw. zum Schreiben in Linien ermöglichen. Die Linien sind größer als in herkömmlichen Druckschriftlehrgängen und damit vor allem für Kinder mit Förderbedarf im feinmotorischen Bereich geeignet.
Besondere Bedeutung haben die Merkwörter für die Buchstaben, die jede einzelne Bewegung mit einer Silbe unterstützen.
So besteht das „E“ aus vier Strichen, das beim Schreiben gesprochene Merkwort „Erd-beer-ku-chen“ aus vier Silben. Ermutigen Sie das Kind, wirklich bei jedem Schreiben des Buchstabens das Merkwort mitzuflüstern.
Auf den Bildern sollen die Kinder die Dinge anmalen, die mit dem jeweiligen Buchstaben anfangen.

Viel Vergnügen!

I i

Ich

I-gel

I

i

I i

Lam-pe

lang

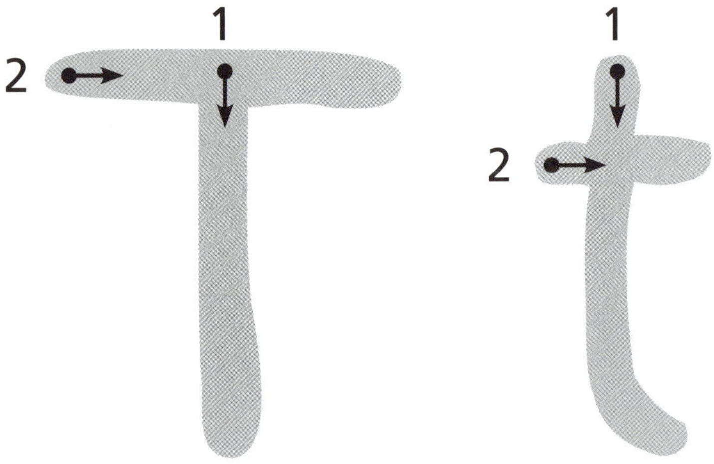

Ta-xi   trin-ken

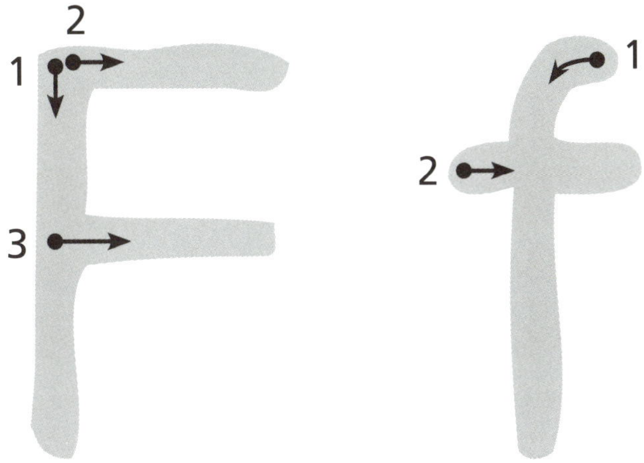

Fle-der-maus fah-ren

F

f

Ff

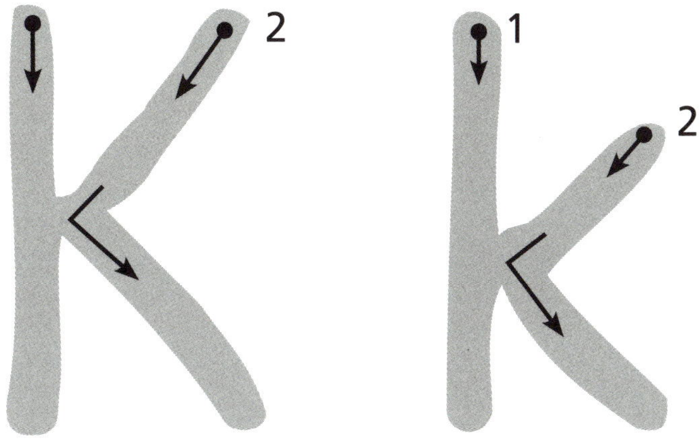

Kro-ko-dil kun-ter-bunt

K

k

Kk

Z z

Zi-tro-ne zau-ber-haft

Z

z

Zz

N n

No-vem-ber   ne-ben

N

n

Nn

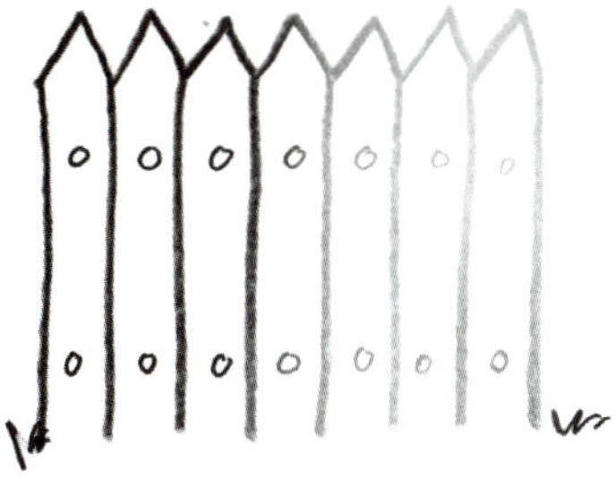

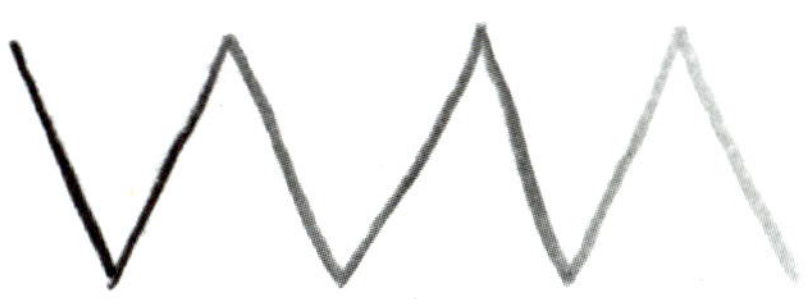

Mm

Mar-me-la-de merk-wür-dig

M

m

Mm

W w

Was-ser-fla-sche wei-ter-wan-dern

W

w

W w

O o

Ohr oft

O

o

O o

A-na-nas a-ber

A

a

Aa

Di-no dre-hen

D

d

Dd

R r

Ra-ke-te

rei-ten

R

r

Rr

U u

Uhr

ur-alt

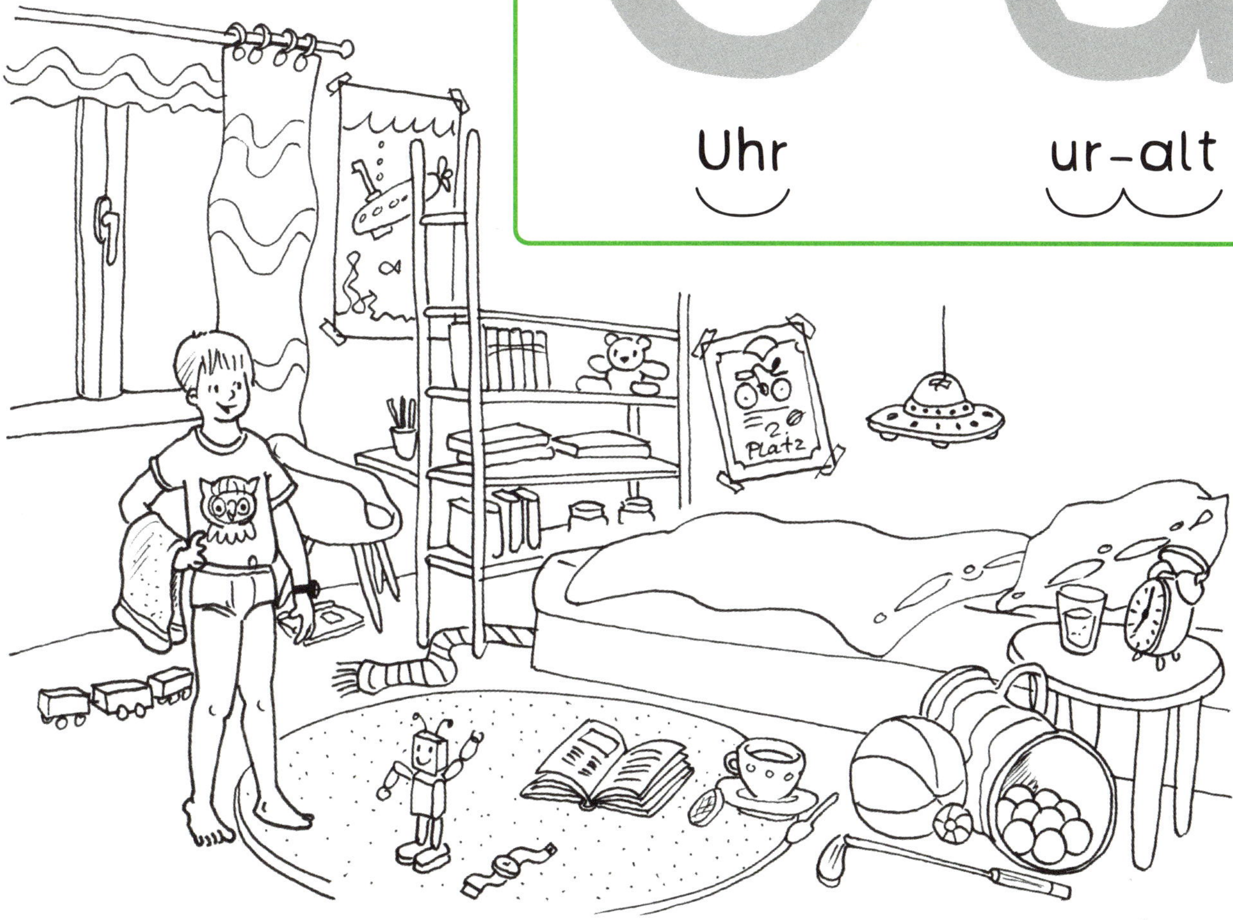

U

u

Uu

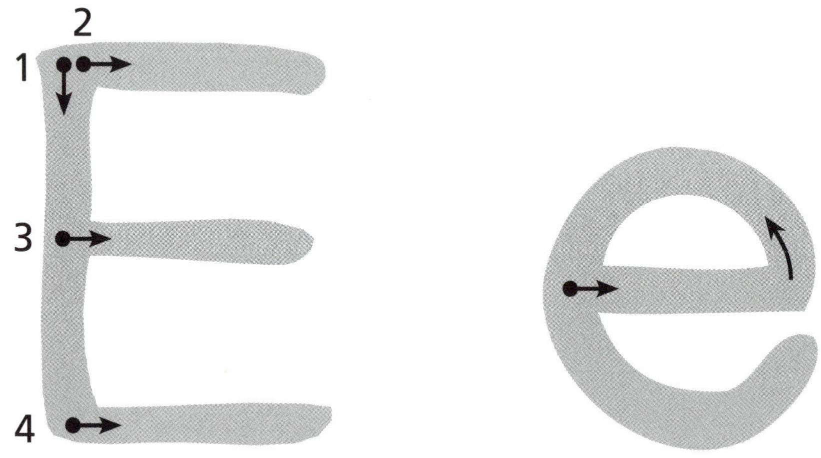

Erd-beer-ku-chen e-gal

E

e

Ee

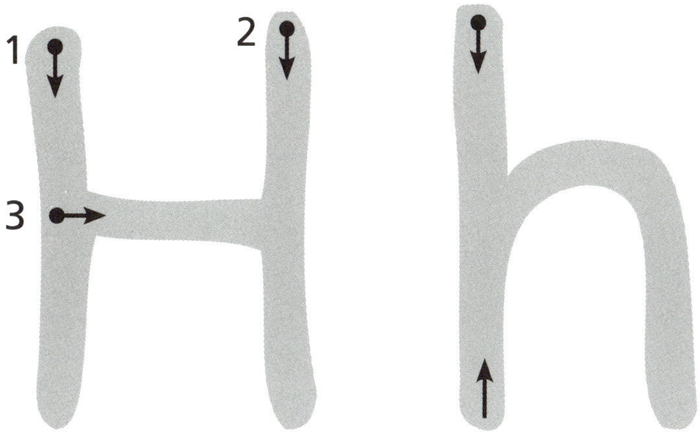

Ha-sel-nuss

hal-ten

H

h

Hh

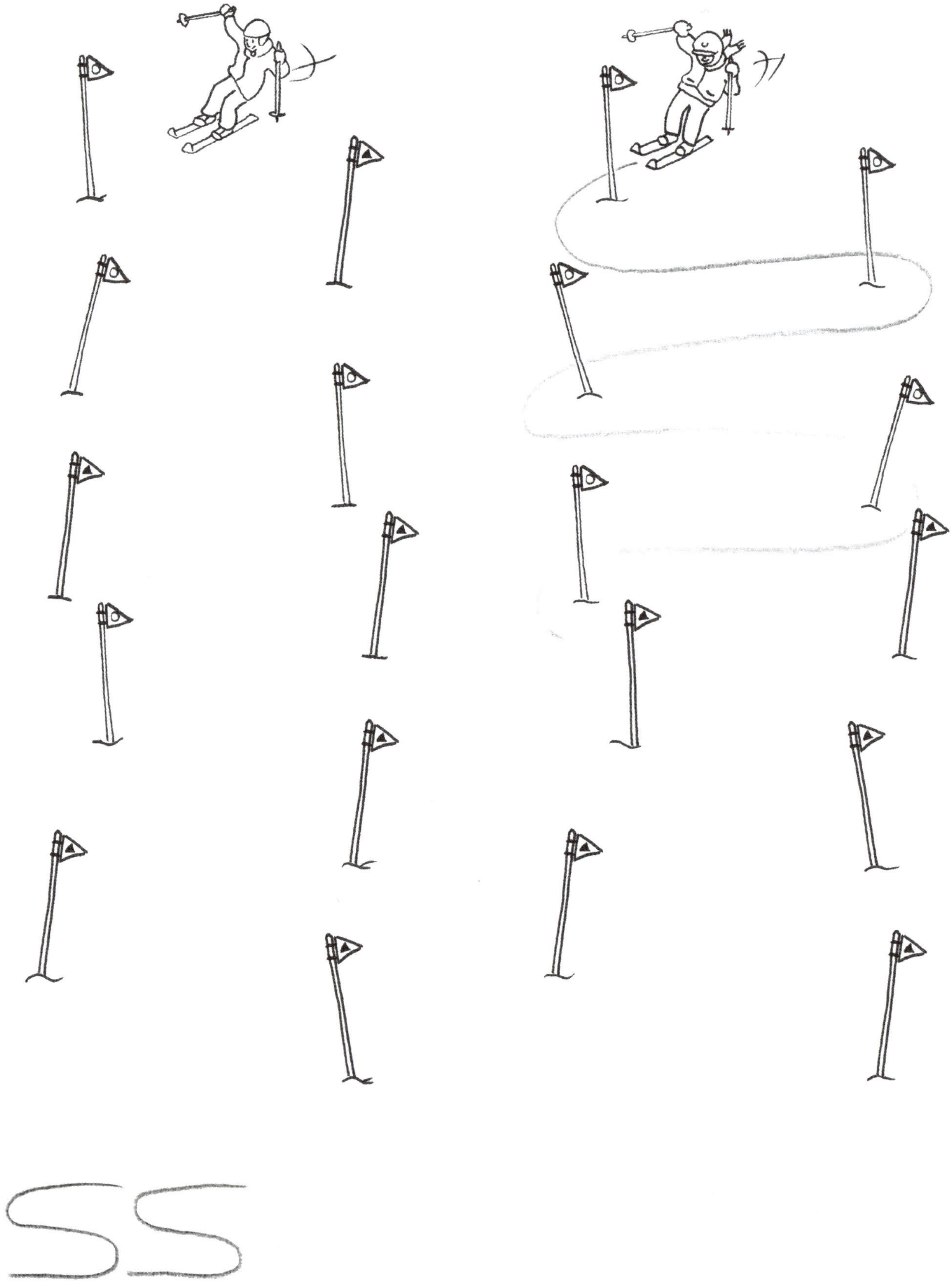

S s

See

so

S

s

Ss

G g

2

1

Ga-bel

ge-nau

G

g

Gg

Uhren-Ulla

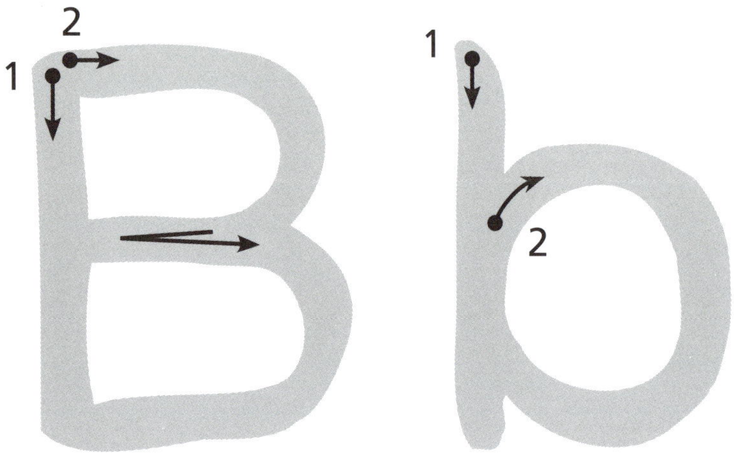

Ba-na-ne bin-den

B

b

Bb

P p

Pa-ket

pa-cken

P

p

Pp